GRANDE

ET CELEBRE MAGNI-
ficence, faite à Madame Christine de France, Princesse de
Piedmont à son arriuée
dans Thurin.

*Auec la forme de sa reception, nombre des
Princes Seigneurs & Grandes Dames,
qui s'y sont trouués, les jouxtes &
tournois, & autres actes de res-
iouissance y representez.*

A PARIS,
Chez Siluestre Moreau, en sa Boutique
en la Cour du Palais. 1619.

GRANDE ET CElebre magnificence faite à Madame Christine de France, Princesse de Piedmond, à son arriuée dans Thurin.

LE Prince Maior l'esperance & l'espee de toute la Sauoye, apres auoir beaucoup couru parmy les dangers de la guerre, est venu trouuer à bóne heure cette pudicque Princesse, Madame Christine secóde fille de France, sous le laurier de la vertu, de laqu'elle s'estant épris & elle de luy, on à veu en leur grandés hymenées, le vainqueur surmonté & le vaincu vaincqueur, tant durant leur se-iour à la Cour de France que depuis leur arriuée en Piedmont.

Ie deſire donc, Amy lecteur
te faire part de ce que iay apris
de la reception de madicte Dame à Thurin, & entretenir ta
curioſité des magnificéces qui
ſe ſont faictes en ladicte ville à
leur arriuée, affin de te faire co-
gnoiſtre telles choſes n'eſtre
deues qu'aux deitez de la terre
& non pas aux lumieres paſſa-
geres, & que la Sauoye non
plus que la France ne trouue,
eſtrange d'auoir veu l'air de pie-
mont enueloppé de flammes,
& la terre remplie de ioye au
téps de l'arriuée du Prince & de
la Princeſſe audit païs, decou-
rant à tout le peuple de Sauoye,
la beauté de madicte Dame,
eſtre vn dó du Ciel, que Dieu re-
ſeruoit pour la chere moitié de

ce Prince, qui eſt toute l'aſſeu-
rance & le repos de Piedmonn,
& les aduiſer, que ces dignes
trophées d'amour, ne ſont &
ne ſeront qu'au ſujet de rendre
ſes ſubieĉts dignes de la poſſe-
der, comme les inuentions en
eſtat priſes dãs les plus ſecrettes
partyes du Ciel, & choiſies de
Dieu meſme pour releuer la
parade de cette celebre, haute
& deſirable alliance, affin d'e-
ſtre ſolemniſée auec plus de
grandeur, pour monſtrer que
comme ceſte Princeſſe excelle
en belleſſe d'eſprit, toutes les
Princeſſes de Piedmont, ſes an-
ceſtres, que par raiſon elle de-
uoit eſtre recüe auec plus de
pompe & de magnificences
qu'elles, le ſujet pourquoy le
Soleil à ſon arriueé s'eſt eclipſé

A iij

de ſa ſeance pour s'entremeſler
auec les Sauoyards & Piemon-
tois,comme voulant leur ayder
en l'acquit de ce debuoir natu-
rel.

Tu ſcauras donc, amy Lec-
teur, que meſſieurs les Princes
de Sauoye, auec madicte Dame la princeſſe, ayant quitté la
Cour de France incontinent
apres l'arriué de la Royne Me-
re en la ville de Tours (pour-ce
que leſdict ſieurs princes &
madicte Dame n'attendoient
plus que la Royalle entreueue
de leursMaieſtés pour ſe diſpo-
ſer á partir, ne le voulant faire
qu'au prealable il n'euſſent laiſ-
ſé la France en la pleine poſſeſ-
ſion du parfaict repos, dót elle
iouit à preſent) & ayans prins
congé de leurs Maieſtés prote-

sté tout seruice & toute bonne
affection au Roy & à tout son
Estat, partirent dudict Tours
enuiron le 12. septembre & pri-
rent leur chemin droit à Lyon,
apres auoir receu les Carosses
& bagages de madicte Dame
que lon auoit faict tenir prests
long temps auant dans paris.

Ils arriuerent àLyon enuiron
vers la Sainct Remy, ou par
commandement expres de sa
Maiesté les habitans se mirent
en fort grand deduoir de les receuoir, & Monsieur d'Halin-
cour filz de feu monsieur de
Villeroy gouuerneur du pais
fit faire de fort belles magnificences, ieux, iouxtes, & tournois
pour celebrer l'alliance de Frá-
ce & de Sauoye, ils demeure-
rent bien huict iours en ladicte

ville de Lyon, d'ou, ils partirent
fort fatisfaicts de la belle ré-
ception dudict fieur d'Halin-
court, & de l'entiere affection
des Lyonnois.

Arriuez au Piedmont ils joüif-
ffirent vne belle compagnie
de Nobleffe que fon Alteffe de
Sauoye auoit enuoyé au deuât,
& beaucoup d'autres trouppes
de Nobles, qui voulurent affi-
fter lefdits fieurs Princes & madite Dame, Iufques à Thurin.

Enfin apres tant de forte de co-
plimens receus tout le long
des chemins tant du Dauphiné
que Sauoye, & entrée du Piedmont, ils arriuerent prés la ville de Thurin à quatre mille ou
enuiron, qui font bien deux li-
eües de France ou eftat, & fadi-
te en ayant efté porté dans

Thurin

Thurin, Monſieur le Duc de Sauoye ſuiui de Monſieur le Prince Maurice Cardinal ſó fils de ſon autre fils (qui eſtoit en Eſpagne, & qui pour le ſuiet de l'arriuée de ſeſdits freres le Prince Maior & le Prince Thomas, & de madite Dame la princeſſe ſingulierement eſtoit venus en Piedmont par mer auec beaucoup de nauires) Madame la Ducheſſe eſpouſe dudit Seigneur Duc, Madame la Ducheſſe de Modene, autres Princeſſes & Dames Italiennes, expreſſément arriuées à Thurin pour le ſubiet des magnificences.

En fin toute la cour de Sauoye, Piedmót & Mótferrat ſortit dudit Thurin pour aller au deuát de laditte Dame Princeſſe, laquelle eſtant rencótrée par

módit seigneur le Duc mit pied
à terre, embraſſa madicte Dame la princeſſe ſa fille, la baiſa
auec vne grande demonſtrati-
on d'amitié, luy teſmoignant
l'extreme contentement qu'il
auoit de cette aliáce, l'affection
qu'il porte à noſtre Auguſte
Monarque, & dit à madite Dame, qu'elle eſtoit plus que la
bien venue en ſon pays, elle re
ceut les complimens des Seigneurs, des princeſſes & autres
Dames, & enſemblement re-
tournerent à Thurin, ou les habitans eſtoient ſortis en grand
nóbre pour la receuoir au de-
hors de la ville auec les armes
& tout ce qui eſt requis à la reception d'vne telle Princeſſe:
elle fut ſaluée de plus de ſoixáte
pieces de gros Canons: à la por-

te de la ville, on luy dit, *Voicy,*
Madame, le sacrifice des amesqui
maintenant vous sont acquises telle-
ment, qu'il n'y à rien de plus stable
que l'affection de vos subiects, séble
Madame, qu'en prenant partage à
nos vœuz, ne vous soyes oubliée à
vous parer de charmes, pour nous li-
er plus estroitement au desir de seruir
inuiolablement à vos grandeurs, veu
que nous ne sommes plus à nous mes-
mes, ains tout à vous & pour vous.

Pour la celebrité de cette belle alliance & bienuenue de madicte Dame, Thurin fut tout
pompeux ez derniers iour du
moys d'octobre qu'elley arriua
quatres superbes theatres furét
dressez en diuers lieux de la ville, embellis de Nymphes choi-
sies entre les plº belles filles du
pais, qui toutes châterent fort

doucement & melodieuſemét
des airs italiens & autres fran-
çois deuant madicte dame la
muſique des voix & des inſtru-
mens ſuiuoient ſa litiere par
tout inſques à lhoſtel qui luy
eſtoit preparé : les feux de
ioie furent faicts par tout les
endroictz non ſeulement de
Thurin mais de Piedmont; les
feux d'artifices acheuerent le
reſte de la iournée, qui furent
certes admirables à voir & au
grand contentement de ma-
dicte Dame & de tout le peuple, qui ſe tronua en nombre
de plus de trente à quarante
mille perſonnes en la reception
d'icelle, & aux ſolemnitez qui
s'y firent, les ieux, iouxtes, tournois, lieſſes, eſbatz, teſtins & ba-
letz ny furent oubliez de telle

forte que peu de Princes eſträ-
gers ſurpaſſerent ſon Alteſſede
Sauoye en l'accueil d'vne telle
Princeſſe & de ſi hault merite
ny en pareille occaſion, tous
les Sauoyards & Piedmontois
louans Dieu pour la proſperité
de leur Alteſſe, de Monſeigneur
le Prince maior & madicte Dame la Princeſſe ſon eſpouſe.

F I N.